MW01248666

MAL DITA

VOL.1

MALDITA
VOL.1

PROSA POÉTICA

ESCRITA ENTRE
2006 - 2007
Y NUNCA ANTES
SACADA A RELUCIR

POR
INE AGRESTA

Esta es una obra de ficción. Los nombres, personajes, lugares e incidentes son producto de la imaginación del autor o se utilizan de forma ficticia. Cualquier parecido con personas reales, vivas o muertas, eventos o lugares es pura coincidencia.

Ine Agresta
Maldita Vol.1
1a Edición: 2021
89 p.; 6x9 in.

Diseño Editorial: Ine Agresta
Diseño de Portada: Ine Agresta

www.ineagresta.com

Ninguna parte de este libro puede ser reproducida de ninguna forma por medios electrónicos o mecánicos, incluidos los sistemas de almacenamiento y recuperación de información, sin el permiso de la autora, excepto por un revisor que puede citar breves pasajes en una reseña.

A todos los que me quisieron, quieren

y querrán, aunque esté maldita.

Y a los que no tanto, también.

Te ordeno que vamos a bailar antes de trabajar,

a eso de las tres de la tarde.

1.

Fui pantano gris infectado de bichos no compasivos. Me vaciaron el estómago de un soplo, y tragaron mi deber enjaulado y con alas quemadas. Arrancaron de mi ombligo cientos de plumas y semillas de cristal. Me dejaron hecha un soplo y un diente de leche. Se rieron de mí en la cara, como esas viejas que te miran al pasar y ya no preguntan más por la hora. Sí, todo eso por la pérdida de un día de azúcar bien blanca. Todo eso por esperar que el sol se queme en un instante dejando a la más mínima partícula de amor rota en mil pedazos. Todo por vivir en un constante resfrío y con palabras de pez. Por hacerle caso al inodoro y por dejarme desangrar solo cuando me pagan por ello. Todo por robar vidas ajenas y sacarlas a pasear de vez en cuando. Por buscarte en vano y en cada uno de mis bolsillos. Por buscarte entre los árboles caídos por el polvo de aserrín. Por ir repartiendo enfermedades mentales y cardio-respiratorias entre cada sillón y cada almohada que se nos queda atracada en la garganta.

2.

Porque me entendés solo cuando me querés y no pensás de mala manera. Y es ahí cuando yo paso a ser el último tiempo de la metamorfosis. Y es ahí cuando despido a todos los colores de piel y me mezclo con el miedo en acción y todo tamaño. Me disuelvo en artimañas que no se tientan con el viento, y que se posan sobre la más cruda mierda entre cuatro paredes. Pero hoy oí tus pecados mortales. Se salieron por tus pies antes de llegar a la esquina. Te intenté robar un poco más, pero el cielo ya me había visto y me estaba vigilando.

3.

Hace más de media hora que te pienso y no te nombro. Hace más de media hora que me vuelvo a perder. No te preocupes, sé que no te das cuenta. Y mañana tampoco porque no te conviene. Mis arrugas esperarán por ti; no seremos tan niños, pero el pelo nunca deja de crecer. Además, la tentación del sonido incompleto nos marea aún más cuando es el vacío lo que queremos ver. Es un eco de confianza aplastada contra un muro que ya fue escrito algún tiempo atrás. Mírame, que es la última vez que me voy al mar.

4.

Bailarán las luces de algún lugar oscuro. Con pelo largo busco a quien matar. Ando con ritos figurados y caminos de salvación que se bifurcan. Nunca elijo el de más arriba, ya debe de estar usado. Con uniformes prestados y lunáticos que sueñan con el abrazo ajeno tornando una sonrisa en nubes de sien, floto descalza por entre los libros accesibles. Nunca cambiando tensiones por la desgracia ajena. Nunca cambiando los planes del lunes y escondiéndolos detrás de la puerta. Ya no encuentro tu olfato, pero es lo que quería. Voy a hacer silencio mientras vuelvo al huevo feliz. Nacía diez mil años atrás en un barco cómodo y muerto, lejos de la sabiduría moral y el olor ético como vida de vena ajena. Moriré bien parada y con alas grandes.

5.

No quiero ser la de la sonrisa entre las cintas magnéticas. Apareceré de pronto entre nubes con dos huesos bien apretados y listos para ceder. Te voy a dejar apoyar tu brazo en mi frente y entrar a escondidas por la puerta principal, sin que todos te vean; solo el espejo y el debilitado despertador. Entre el fondo azul y las alas del depredador, cortaste mi cabello y el más mínimo ingreso de oxígeno a mis pulmones. Solo humo va a ser de lo ya sucedido. Nos esperan más de mil campanas y un ligero dolor de cabeza.

6.

No te preocupes, encontré la cantidad suficiente de lágrimas que curarán tu herida. Soy ente e individuo plutónico, no pretendo infectarme con tus aburridos sustos. Estoy acá para que me aprietes un costado. Para levantar tus burbujas y atarme a tus dedos. Con cuidado porque no se me notan las venas.

7.

Te juro que no me voy a dejar romper. Te espero con un dedal y mil botones con un alfiler de gancho, niño de verde ajuar y piratería convulsionada que no tiene panza abovedada. Yo también tengo algo con que atormentarme; una viejísima historia de amor, un eterno porvenir y un cascarudo enmascarado. Me descubriste el secreto con solo identificar las palabras. Corre el reptil por entre los dientes y arde de a ratos la nariz. Es por la falta de verdad y cumplimiento de ley.

8.

Hoy regué las pocas flores que me quedan con tinta con sabor a nada. Largué cualquier tipo de endulzamiento de alguno de mis estómagos y aspiré todo el humo y el veneno antes de salir. Le sonreí al pasado no tan lejano, y como recompensa me devolviste mi propia cara mirándome mal. Me llenaste de barro la garganta y me escupiste un ojo. Me arrancaste hasta de tu pelo y ahora no te quiero volver a crecer. Y es que me siento la causa y el efecto de tu pérdida de poder, todo junto y en un mismo sobre. Me tiraste por todas las bordas y me pediste un último beso. Y yo te di el mejor dedal del mundo, con el que me traicionaste junto con la conciencia, la memoria y la verdad. Y te sigo pegando en las paredes e invitándote con torta de cumpleaños que implícitamente le va arrancando viseras a todos. Es que prefiero el crecimiento en paralelo, pero sin elevaciones abruptas. No creo algún día llegar a tu meta. No soy quien alguna vez robó tus sueños. También puede haber sido al revés. Puede que sea mejor que la línea de tiempo se haya quemado antes de la fusión entre sustancias no conductoras. Me devolviste un libro marcado en la página 98.

9.

O es que me estoy aplaudiendo con cientos de manos desde arriba, o es que estoy tan abajo que ya ni me escucho. Igual, las letras hace tiempo que dejaron de funcionar. Hoy sí estoy en un infle y desinfle constante. Es por eso que necesito correr por entre todas las hojas secas. Es por eso que ya no quiero que me alimenten a cambio de nada; es peor que mendigar abrazos ajenos. No trates de destaparme porque no me vas a encontrar. Soy una desilusión y más yo a la hora de intoxicarse.

10.

Intercambiemos música y otros fluidos, y hoy por primera vez con el volumen bajo. Creo que ya todos descubrieron el secreto y vos también. ¿Es eso lo que engaña al televidente de voz fina y erres pronunciadas? Creo que nadie va a entender el plano agudo porque otra vez me siento burbuja de jabón, aunque no con tanto brillo.

11.

Hoy la guerra en el estómago sucedió con precisión, en tiempo exacto y en el peor de los contextos. La voz del progenitor resuena por entre las paredes. Ya viene el frío ahorcándome por los pies, y en todo el resto de la casa el golpeteo de la música infantil. Ya dejé que se me cayera la cara y ahora sos vos el que pide extasiado por el perdón ajeno y la falta de respeto. Me van sacando pedacitos mientras me bombardean con la verdad a través de todas mis orejas y me hacen llorar por dejar de ser mal criada. Yo elijo bajo toda tu autoridad. No, justo la tuya no. Lo que se suponía era que de vos dependía el próximo cubo de acontecimientos.

12.

Diciendo opuestos complementarios nos volví a imaginar una y mil veces. Ya no sé si invitarte con cara de niña o con la que me tocó. No sé cómo me estás entendiendo, si es que hay algo tan claro de entender. Estás probando con problemas matemáticos, pero como siempre, dudo de la solución. Solo para mí va a ser un testimonio y para vos una mera coincidencia. A la hora del té, las confesiones que nos hicieron bien y más tarde ya no había nada que decir.

13.

Seguíamos poniendo cara de antepasado, esa que sale de la forma más fácil porque todavía permanece. Sin pánico, me acerqué y te pregunte de donde venías, y pareció que me dijiste lo que hoy vengo a entender: Que ese pedacito de nada que era mío, sí era mío y lo podía recuperar sin romperle la cara a nadie, y mucho menos un pie. Me seguís usando de arlequín con cuerdas en los brazos y yo sin querer no lo puedo aceptar. Capaz que eso es lo que soy. Quizás, como le gusta a alguien, yo misma lo pongo todo en un solo renglón haciendo así que caiga la ley de los pequeños con formas diversas. Nada mejor que una buena consigna llena de ruidos parecidos a lo que en la semana oímos en cantidades abrumadoras.

14.

No pretendía caer en lo mismo. No esta vez. Creo que ya es hora de darlo todo; o tal vez no. Creo que esta era la farsa del pastel; esta enemistad obsoleta y con un terrible enfrentamiento. Pero dejémoslo así, nada de andar cambiándolo de lugar, menos aun cuando las fuerzas y las ganas no son suficientes. De a poco se acercan los soldados y dudo estar preparada para tal mensaje. No puedo distinguir ningún tipo de idioma, ni tampoco la idea con claridad. Es que me olvido, y cada vez que empiezo aparece un nuevo argumento que batallar.

15.

Ahora sí voy a hacer un esfuerzo para dar a entender el porqué: exclusivamente funciona como devolución de las balas hechas de invierno que atraviesan el cartílago que quema sin parar. También porque creo que recién hoy se le otorga el valor cometido por fundarse, y porque hoy es la alabanza ofrecida al por mayor, aunque siempre llena de descontentos. Te voy a mostrar mi nueva adquisición espiritual, que ya en todo sentido de nueva no tiene mucho, y por fin te voy a contar lo que duele y hace temblar. Y creo que eso es lo que la hace mejor. Siempre buscando el tipo de letra adecuado, sé que pensaste mal porque te encanta.

16.

Están recubiertos por todos los ángulos para que nadie los encuentre. No, no, no, no por ahora. Por lo menos hasta que la rama deje de chocarse contra las paredes de mis aposentos. Me rayé los pantalones, todo sin querer, pero sin dejar de buscarlo. Recordemos por un segundo todo lo que nos dijeron aquella vez que fue casi una nada y un no sé cómo no hacer. Por mi parte, creo que no dije nada, pero ya lo voy a dar a entender. Prohibida toda lectura interfacial. Procurad no enteraos. Sería un error economiquísimo y casi a expensas del ojo ajeno. Porque el error ya viene arrastrándose desde la salida, pero parece que a todos nos viene bien. No hablo de un encuentro abrupto, pero podríamos averiguar acerca del mejor de todos los días del año o del siglo.

17.

Estoy por romperte el corazón una y siete, siete y siete mil, mil y un millón de veces. ¡Y cuidado! porque hoy es el día naturalmente ensayado y casi tan pasado como hace un mes. Y después de esa fila recortada de impares, cuando no sean sino tres los labios que encajen, va a llegar el de la llave apropiada. ¡Pero cuidado yo! No te creas el anuncio del diario, ya que tus próximos minutos corren el riesgo de ser contados con alfileres negros y usados en algún otro enganche.

18.

Eran millones los segundos que pasaban mientras le dabas vueltas al filo del chupetín, siempre por entre las encías. Mientras, por los costados, millones de mensajes se confundían y seguían cortándote la lengua. Y ahora caés en el agujero de la espera de venganza y todo por un simple error. Y fue verdad aquello que no tenía nada de sentimiento previo.

19.

Y repentinamente nos dimos cuenta de que ya era hora de cambiar la música por aquella tan tentada y que decía los más audaces secretos. Nunca se sabe, pero cualquiera podría ser quien te lo está diciendo. Sin querer, también se confunde el final de la letra con el de la frase, y todo se pierde en el momento. Nos va dando ganas de hacerlo al viejo estilo, pero ya sin olor a basura.

20.

Miles y miles de vueltas le voy a dar al lápiz para sacarle filo al arma del señor con pelo rojo. Casi correteaba por entre las piernas ajenas, practicando rituales que son generalmente escritos desde atrás y con letra de niño. Iban atrapándonos los vidrios más dulces, pero ya sin color y no nos daban tiempo a pensarlo dos veces. Casi me hace llorar, pero no estoy lo suficientemente triste, aunque ya están llenándose mis ojos de basuritas. Siempre esperando esa voz que va a cantar conmigo. Ya no me importa en que ciudad ni si estoy lista para irme.

21.

Necesitando la máquina que lo hiciese todo más real. Ya encontré la postura, la estrategia, el color y el fondo perfecto, aunque se pierde velocidad. Estoy en un estado de desinfección mental y muscular en el cual todo va a suceder en un segundo y por sorpresa, como cada uno de los invitados de hoy por la tarde, en ambas ocasiones. Ya no puedo recrear tu habitual caminar porque no conozco la rugosidad de los suelos que transitás. Por fin no tengo el control.

22.

Todavía esperaba volver a cambiar de asiento, o por lo menos conseguir alguno. Y todos nos miraban con cara de galleta, mientras nosotros reíamos enanos en la arena y con un imprevisto cambio de humor. Vos sí sabes que hacés lo que tenés que hacer, y yo no estoy tan segura y es por eso que no puedo. Necesito todo el tiempo de los relojes recogidos en la entreguerra porque soy demasiado reducida para todo este entierro. Creí no haber apagado todas las luces de una sola vez. Ahora, simplemente muero de frío.

23.

Después de tanto gritar es bueno llevarse la mano a la boca con todo tipo de síntoma preocupante. Volviendo a todos los violentos dolores de estómagos, pedazos de libro me llaman a pedradas en la cabeza dejándome casi sin tiempo de dormir ni respirar. Ya despertaron y me corrieron el sueño. Comieron, tomaron y salieron a caminar justo antes de hacer lo debido. No me pidas lo que me das, en este momento no lo encuentro. No pretendo volver a lo que fui, pero sí con un poco de agrado.

24.

Después de encontrar mis brillantes ojos tan celestes, dejé atrás todas aquellas voces que me perseguían, le quité la ropa al fuego y de un problema resultó la mejor de las ideas. Si mañana no fuese tan largo, no tendríamos tantos choques reconstructivos y moralmente reflejados. Nos aprietan fuertemente las plantas de los pies mientras dicen posibles verdades en repeticiones aliadas por no querer parecer lo que no son.

25.

Cuantas cosas extrañas se descubren con el paso del tiempo y ya sin luz. Las piernas se aflojan y todo parece prohibido. No me importa, yo sé el verdadero significado. No me importa, ya no tienen razón. Aunque sea por esta cínica vez. Que silencioso el porvenir de la canción que tanto ama de a ratos.

26.

Ya sé el arrorró de mi entretiempo, lo tengo preparado, y es por vos, voz, por quien espero. Tal vez sea mi destino, tal vez no. Quizá tenga la capacidad suficiente de quitarme puntos de ventaja y logre avanzar tantos números de un soplido. Vienen en pares múltiplos de veinte. Volví a confundir las letras, imagino yo, que por culpa de la forma. ¿O me equivoco? Este es mi próximo cometido, ya te vas a enterar. Tenés razón, puedo llegar a disecar mi cerebro casi sin querer, pero me servís de balanza. Voy a tener que dejar de recoger margaritas en aquel campo de avena. Es una tentación constante, pero con previo aviso. Cuanta rabia da el no estar seguro del paso del tiempo. De todos modos, la clave es siempre parar y tomar un helado.

27.

Y cuando menos lo creías te pusiste a llorar. Era el día más repetido y corto de la semana, sin contar el siguiente. Y tenés una cierta razón, y me pedís que lo escupa. Viene desde lejos y como con micrófono. La canción hizo su efecto y los ochenta libros también. Me voy a tener que hacer de mejores amigos porque ya me da miedo tu voz.

28.

Ya me cansé. Lo voy a cambiar y te voy a seguir esperando con los brazos cruzados. Me hace acordar a mi último paseo en coche. Estoy apretada, pero no estrangula. Igual, no me olvido de todo aquello que me sobra; me vuelve a pedir silencio y un poco de niñez.

29.

No te vayas, todavía vienen más chuchos en camino. Era casi lo que buscaba, un poco de liviandad, de definiciones de alguna época anterior, un escape y un rincón lleno de polvo, una mordaza muy bien prensada, un casco acogedor y una cama siempre abierta. Me encantaría que nada brillase y nunca dejaran de doler mis costillas.

30.

Es lo que no puedo dejar de hacer; bailar en los años más dulces. Por eso es que no llego a ningún lado, porque los ángulos se hacen muy agudos con el tiempo. Sé que tenés cosquillas en los costados, pero no es necesario que te saques la remera, no quedaría muy bien. Que monótonos se volvían los temas de conversación, ya nadie habría la boca ni sacaba la lengua. Solo malas palabras saldrían de allí.

31.

Buscando en la luz el número exacto, caí de rodillas. Volví a escucharte, pero esta vez ya sin pesadez en los ojos. Hoy encontré lo que tanto buscaba y me defendiste sin razón alguna. Dicen que las cosas no salieron según el plan, aunque este sí seguía el listado aprendido. Nos enteramos de la mala suerte antes de que llegara y un intento de suicidio se avecinó.

32.

Me pervirtieron por todos lados y me hicieron levantar la voz. Hoy vuelvo al cascaron ya sin masa. Dicen que promete buen futuro, la locura siempre lleva la delantera. Quiero, por fin, volver a hundir las rodillas en el colchón.

33.

Me pasé tres días revolviendo cajones para que el fin de semana fuera apto para aclarar cuentas pendientes conmigo y con el otro, como pasaste a llamarte. Comprobé que puede ser bueno volver atrás siempre y cuando sea para avanzar. Y a vos te rocé apenas, y hoy ya no te busco. Creo que igual mañana voy a salir a tu encuentro. Aún quedan miles de cuentas sin pagar.

34.

Si bien hoy es el día de cada mes de aquel que te persigue, mis pies se sienten como en primavera, aunque tenga puestos los championes para la lluvia. Me encontré una moneda adentro de una bolsita meses atrás vaciada y ya sin uso. Es otra pequeña vuelta en la calesita. Ahora mismo voy a cambiar esta repetición compulsiva y ya sin control a pilas. Y esta vez fue casi sin pensarlo, lo que supongo deja muy contentos a todos. Y es que hace rato que quiero algo no prefabricado, lo que a propósito, va a ser casi imposible de borrar. Es lo que trato de olvidar porque vimos que no nos benefició a ambos. El sábado, el único que hubo, estaba a favor tuyo y me lo terminé comiendo yo. No te preocupes, se va a repetir en reiteradas ocasiones hasta que por fin le sientas el gusto.

35.

Hoy el nombre le calzaba como un guante al día; no podía sentirse más domingo. Amanecí gris tras una noche que comenzó sorpresa y siguió con el mejor de los sueños, completamente decidida a por fin escribir lo que hace una semana tendría que haber escrito. De haberlo dicho, todo tendría otro olor. Es que parecía haber encontrado a aquel que cantaría conmigo, aunque por una vez si bailamos. Y así nos fuimos hasta que la voz de todos los fines de fin de semana nos separó.

36.

Prestame un poco de tu paraguas que para el mío falta mucho. Y tenés que admitir que te encantó le idea de mi atrevimiento, se te notó en la cara con dientecitos que pusiste. Quiero ir a por otra dosis de lo sucedido hace ya un rato y otro poco de lo sucedido hace justo un año, con todo el disfraz cambiado. Mientras tanto, el murmullo de todos los días me amenaza con detalles, y el otro día agotaron mi paciencia.

37.

Ya se los aclaré más de mil veces y creo que a vos también te metí en la bolsa. Te comportaste casi como si hubieses visto a tu peor rival, o como si por un instante realmente no lo hubieses visto pasar.

38.

Mis pies se vuelven a sentir como en primavera, el viento hoy revolvió mi cabeza. Te imaginé con todas tus caras y me convencí de que nos hacíamos falta de a poco. Solo en los sábados para elegir. Te pensé de mil colores y le envié notas de rescate a la persona menos indicada, o tal vez a la única que hoy dejaría algo para los demás, aunque no para todos. Descubrí tu miedo en la forma de recostarte sobre mi cuando te pesa la cabeza, y además, me lo contaste escupiendo semillas en el piso, nuestro único medio de transporte compartido.

39.

Me pierdo entre la voz que no se puede distinguir. Quería convencerme de cometer el peor de los crímenes. ¡Cómo te va a gustar mi nunca enfermedad! Yo sabía que ya estaba por llegar. Además, es en el momento lo que más feliz me hace, ya que ahora estoy junto a mi sistema nervioso central tocándolo por dentro. En unas horas corrección y el desconsuelo; vayan acostumbrándose porque yo ya empecé.

40.

Casi la música perfecta, pero todavía no la fuerza suficiente; además tengo que empezar a estudiar para escaparme más de casa. Fue un planeta lo que nos faltó al final del camino; uno de estos días te lo devuelvo. Planeo llorar dentro de unos instantes e incesantemente comenzar con mi ritual que no dejará dormir a los padres.

41.

Me quedo solo con el apretapapeles que remite a una época anterior llena de oraciones superpuestas. Y vos que querés aparecer en todo momento y yo que no puedo evitar permitírtelo, porque las piezas todas encastran redondamente. Como decía el caramelo, ya no entendía para que el cuerpo.

42.

Yo sigo creyéndome que vos pretendés que me suceda lo mismo. Ponés la cara apropiada, y ya por la tarde, cuando la gente empieza a bailar en sus respectivos livings, pedís una sola noche de balcón y viento fresco. Ya es la tercera vez que te escucho, me duele el costado atravesado y vuelvo a sentir como pican los dedos y las orejas.

43.

Me di cuenta por el ruido seco que hicieron las palabras. Hoy descubrí mucho más de lo sospechado viniendo de mi parte. Además, creo haber no colaborado con la comunidad; no tan así, un poco menos colorido. Tengo un señor que gira al ritmo de mis letras y otro encerrado entre metal y plástico. Creo que vos no me lo regalaste. Igual te envío una frase para que te acuerdes del gusto…te va a picar la cara. Fue muy pulcra tu presentación de la vez pasada, la de ambos. Lo admito, siempre fuiste el primero, y yo.

44.

Todos los colores se atrofian con la luz roja. Hoy había pensado algo. Era algo como que necesitaba a nadie para llegar a entablar una conversación coherente y que además ya te ibas a dar cuenta, porque en realidad lo que me faltan son millones de ganas de no salir a respirar el olor al matamosquitos. Yo también sé que tuve uno, pero ya no creo sobrevivir tanto tiempo seguido. Me olvidé de decirte que te avisaba a la hora prometida; necesito mi pago.

45.

Esto de ya poder estar al descubierto me entretiene, pero me altera un poco los días. Fue casi como una sobredosis de terciopelo y voces de muertos consumidas. Seguiste girando mientras te repetías a vos mismo la lista del supermercado de la noche anterior. Sentí el peso de tu pecho y decidí soltar el globo. Lo que va a quedar más resaltado va a ser tu sien, no sé si porque es tan blanca o porque estaba tan cerca de las eternas esperas y búsquedas paralelas y danzas elementales.

46.

No me obliguen a tirarme al agua, no me gusta la sal ni la sombra de verano. No me abracen, empieza a darme asco; hoy estoy fuera de servicio. Vos sí sabes conservar el alimento del alma. Yo, por el contrario, lo dejo echarse a perder. Es más, con voz muy baja, a veces no me duele nada, aunque es totalmente involuntario. Es parte de mi cadena atada fuertemente con hilo dental.

47.

Podría pasar horas escuchándolo inflándose y desinflándose al desafinar con su canción excesivamente repetitiva y de circo romano. No era la inyección, pero no quedaba otra opción. Dentro de unos instantes comienza el golpeteo en el piano que despierta a los vecinos. Que influyente que llegaste a ser, incluso logro adecuarte a mis canciones por un solo secreto. Aunque, lo admito, uno de los más resistentes. Es que a veces podemos llegar a transformarnos en excesivos seres voladores que se alimentan de raíces para que no les puedan disparar.

48.

¿Por qué mandarme regalos y defenderme a mis espaldas? Igual será tomado en cuenta, Sr.Dandy. Todo sea por su respetable apellido, que dentro de poco pasará a formar parte de la realeza. Igual, yo todavía no lloré, y tampoco tengo pensado hacerlo. De a poco voy descubriendo más detalles y los adopto de una manera casi veloz. Que me arranquen de la mano de la puerta de mi casa, pero siempre con cara de niño.

49.

Nada de volverse viejo antes de tiempo. Y por ahora voy bien, con un tiempo normal y tal vez récord. Todavía no le hice la carta a la señora de los pijamas violetas y las risas reforzadas. Es la melodía para regocijarnos en nuestro propio dolor con la definición adecuada, confundiéndolo todo con un sueño. Necesito usar mi boleto ganador. Ya todos mis dedos sangran y necesito descansar descalza.

50.

Me erizo. Ya no. Lo único que quise durante todo el día fue poder llorar y tomar un café. Ahora ya no sé qué quiero, además de que vuelvas a por las estrellas. Quiero irme a un lugar pequeño y colgado del techo. Soy lo que quise ser todo el sábado y ya casi en perfectas condiciones.

51.

Alguien por fin comienza a comprenderlo y creo que es la persona indicada. Estoy siendo feliz por un momento y descubrí que me descubrieron. Tiempo es lo que nos faltaba, aunque vino con los pies de sello cargando con cientos de baldes de agua, casi como el sueño redondo del mago de Oz. No pueden dejar de rebotar las paredes y cambiar la atención por otra más nueva. Y ahora me van a venir a echar las culpas que se les atracaron en el pantalón.

52.

No sé si es bueno, no sé si es malo. No tengo el poder suficiente como para cambiar la cara, o mejor, arreglar la que tenía antes. El rey de cobre me corrió y reventó las puntas de mis dedos contra el piso. Mientras, yo no podía parar de morderlos y de gritar debajo de la superficie. Ya no me puedo tapar los ojos y los gritos me atormentan en mis silencios. Todo cambió cuando descubrí que todos los domingos eran amarillos; volvía de uno de mis cambios de planes que suelen sucederme desde hace ya un tiempo.

53.

Venia escuchando hacía ya horas cintas y cintas de música para los días de alta velocidad cerebral, y casi sin querer, un martes descubrí que los domingos eran amarillos y no rojos. Y ahora que lo pienso un poco más, me doy cuenta que me olvidé el porqué de algunas cosas y no sé por dónde empezar a buscar. No sé qué fue lo que hizo de mi día una tragedia tan griega y con tan poco reparto. Puedo leer cartas que para mí son completamente ajenas y reírme a mas no poder.

54.

Una ola gigante nos va a golpear por la espalda y vamos a caer de rodillas al piso, y vamos a ver por fin las filas de niños y ballenas enterradas en el suelo de la cocina. Ya con mi casco protector de pantallas voy a proseguir con mi tortura con textura de dibujito animado. Por suerte cada vez que se hacía la hora de ir a dormir, todos nos limitábamos a cerrar los ojos. Aun desconozco la cantidad de ojos que se caen de entre sus marcos que se humedecen de tanto en tanto.

55.

Es que hoy fue un martes jueves. Fue más bien uno de comienzos de semana, porque todos me hablaron de amor y ninguno me mostró la salida. Necesito un duelo nuevo, amigo mío, quiero ir a visitarte y mirarte a través de la ventana después tomar café en un balcón y con las calles frías. Para mí no todas las letras tienen algo; puedo ver cuando giras en tu punto medio. Eso es lo que tengo que hacer, dejar la reacción de la máquina de cortar pasto y reanudar con mi antigua marcha. Sería una nueva forma de ver pasar el tiempo. Voy a cambiar el sistema de pegado y secado. Tengo las armas suficientes.

56.

Me molestan los ojos casi atrozmente. Hoy si funcioné bien y gané el mejor de los partidos, aunque no con la mejor medida. Me pongo a llorar de a poco y no sé por qué. No queda un solo alfil aparcando en la esquina de mi casa. Y algo nos golpeó en la cabeza y nos apagó todos los fuegos, y no paramos de pedirnos a nosotros mismos un millón de razones, cuando lo que sucedió fue que ambos lloramos encima de todo aquello que descubrimos hasta que me fui caminando sola hasta mi casa.

57.

Acabo de darme cuenta de que toda la verdad se esconde a tus espaldas, y ni siquiera tus lentes de aumento podrían notarlo. Recuerdo cómo me mirabas en blanco y negro y con la cara agrandada. Te escapabas corriendo de tu propia sombra y dejabas tus zapatos por detrás. Yo, como no podía ser de otra manera, te miraba desde mi rincón tratando de no reírme de mi misma y a su vez dándome la razón. Eso fue el principal motivo de mi cuestionamiento base. Ya no sé si tengo frío o miedo, y quiero aplicarte cada una de las mil canciones; te favorecerían la voz.

58.

Le pido todo el tiempo a mi reloj, una vez cada dos horas, y espero sentada pero pensativa; creo que estoy aprendiendo. Después de un largo y meticuloso estudio, tal vez logre una respuesta acertada y de fácil comprensión. Todavía me acuerdo de cuando me di cuenta de lo bien que me hacía callar y correr.

59.

Necesito hoy nadar en algún estomago ajeno y escuchar, cada tanto, diálogos entre las criaturas de la vida real. Eso siempre y cuando apoyar uno de mis cachetes en la pared y fijar mi atención en el ángulo opuesto sea parte de la cuestión. Es un recuerdo demasiado real como para haber sido inventado por mí. Igual que el del feto en la pantalla que aparecía después, o el de los niños en el fondo y la vuelta por entre los caños del desagüe con una sensación única de mentira, de porvenir, y de óvulo materno.

60.

Llegué a mi casa haciendo una serie de coreografías que sorprendieron a mis menores. Y por poco me las creo de verdad. Pero descubrí a tiempo que es imposible bailar juntos de a uno. Y vos, que siempre te sentabas a mi lado, ahora comías caramelos embebidos en alcohol. Igual, yo ya planeé todo mi día y tus dibujos van a tener que esperar.

61.

Me estoy envolviendo en mi casa con hojas de capullo a medida. Me doy cuenta que por más peso que tenga, cada vez más me puedo despegar de los talones. Debería ir aprontando mis uñas antes de salir a golpear ventanas ajenas. Creo que este era el momento esperado, y te pienso en cientos de combinaciones. Todavía no se cual elegir, pero no me molesta. Por fin me siento bien con mi cascada a cuestas.

62.

Creo que podría pasar años sentada en esta posición antes de volver a salir por la puerta. Solo necesito mi propio rincón y un poco más de aire. Espero ansiosamente el verano; mi verano más blanco, y al porvenir. Mi verano en busca de una bomba de tiempo, mi verano entre piedras y algún día de sol. Mi verano en alguna otra parte del mundo. Mi verano y mi primavera.

63.

Creo que, aunque se acerque tu cumpleaños, nunca lo vas a entender. Siento que me estás espiando, aunque no deberías y no me gusta que me quieras. Nunca me preguntaste la hora, y menos cuando estoy de paso. Apagaste la luz y parece que te fuiste; yo mientras, hago anormalidades con cara de pez. Afuera el viento revuelve el cielo con gris y alguna que otra nube, mientras una canción de verano suena por el grabador de la contestadora. La sorpresa te hizo tirar el líquido al suelo y dejar que el mismo fluyera cuesta abajo, quedándote tú sin voz y ya también sin zapatos. Había algo que debías arreglar.

64.

Por fin dejé que pasara el tiempo, una opción doble y que me comieran los síntomas. Ahora solo necesito otro sonido base para que no se escuche mi murmullo constante y lleno de mala educación. Otro sábado productivo para mi mala memoria y con un poco de gusto a domingo. Hoy no voy a hacer lo de siempre, tengo miedo de hablar mucho de una sola cosa en medio de la noche. Espero estacionada que lleguen tus informes, incluyendo los de salud mental. Me parece que alguien tiene la razón, pero no me decido por cuál de los dos, ya que ambos nos parecemos un tanto.

65.

Siempre fue igual y mis recuerdos no pueden más que mezclarse en mi cabeza junto con las recetas de generaciones pasadas. Ya me acuerdo a quien le adjudiqué ese nombre en aquel preciso momento, y hoy no puedo dejar de rebotar de pared en pared. No me interesa tu opinión, no esta vez. Se nos acabaron las conexiones del día de hoy, y percibo que las letras están viniendo un poco torcidas. Tal vez sea todo por la altura de mis horizontes llenos de arcoíris y monedas de oro.

66.

Tal vez el héroe de mi infancia llegue a rescatarme, aunque hoy preferiría al nuevo niño de cabellos blancos que a mi niño de verde ajuar. Ya vas a empezar a repetir todo más de mil veces y vamos a terminar por caernos en alguno de los pozos. Deberíamos cambiar la letra y los tiempos elegidos para por fin poder cerrar los ojos. Envuélvanme en una valija.

67.

No podría iluminar mi mesa de una mejor manera; el robo del sol era crucial en todo el desarrollo del juego. Me siento engañada pero no sé de qué manera. Las fiestas anteriores ya me habían arrebatado la memoria, y para esta no recordaba lo que me decías. Me imaginé en un sillón azul un domingo de dibujitos, lleno de lluvia y de pies con medias.-¡Te reto a un duelo!- dijiste casi sin levantar la voz. Mientras, te miraba pasar del living a la cocina con una taza vacía en la mano y tu buzo siempre rojo. Vos levantaste la cabeza y tu pelo se mantuvo en forma mientras respondías con tu cara algo que solo nosotros podíamos entender y que no tiene nombre. No permitas que te hagan silencio. Volvé a tus sillas y no prestes más atención.

68.

Creo que esto se merece otro día. Ya perdí mis lentes y no tengo compañía. Siempre entre luces azules, las del día de la charla sobre un paraguas en el teléfono y con tu cara ya desfigurada por el calor. Va a ser necesario deshacerse de algunas ropas antes de que todo se ponga peor. Los días repetitivos a veces se tornan indispensables en la vida del señor. Por suerte permanecemos lejos.

69.

Me gritaste desde tu casa durante unas semanas y nunca te respondí. Es más, acabo de darme cuenta de lo malvado que puede llegar a ser el viento. Mientras tanto, el resto compraba entradas para el circo del señor de bigotitos extrafinos y de mala calidad (al mismo tiempo alguien siempre ponía cara de asco). Parece que encontré un nuevo amigo y siempre con cara de niña.

70.

Hoy perdí todo rastro de ti y lo poco que quedaba en mi conciencia. Igual puedo reconocer tu cara, pero ya no tu voz. Voy a volver a lo mismo en algún otro momento. Ya no sueño con tu forma y cambié de casa para el verano. Voy a comenzar a mandarte cartas secretas y con código de barras. Ahora es tiempo de detención y de falta de música.

71.

Por fin entré en pánico. Pasa ansiosamente mi tiempo antes de la noche del jueves, ya que este lunes nunca pasó. Hoy lo confesé y dudo que me haya salido bien. Todavía me dan un poco de miedo todos mis errores. Ahora voy a tener que confesar mis crímenes; todos y en orden alfabético. Estoy sufriendo un ataque de nervios que es mi único cable a tierra. Dijiste que lo entendías todo, pero no sé de qué modo. Tratando siempre de tropezar con un itinerario, me encontré ya sin objetos materiales para rayar.

72.

Vamos a fucking empolvarnos la nariz antes de llegar a destino. Vamos a dejarnos atormentar por la pregunta del chico de la curita, como se autoproclamó. ¿Qué querés saber que ya no sepas? Hay olor a comida de navidad y me da nauseas. Siento casi sin poder detenerme que me mirás y que por la espalda te me acercás con frío de la heladera. Y cuando todo esto comienza, es cuando volvemos a unas horas atrás, justo antes de dormirnos, cuando pensaba una y mil maneras de auto boicotearme. Siempre con excusas, pero sin encontrar una explicación apta para ser escrita.

73.

Hoy, con los ojos mutilados y voces de niños ajenos que ponen a sus madres en una posición desequilibrada, me doy cuenta que toda esta descarga de mensajes repentinos me hace dudar. Te quedaste sumamente esquelético viendo tu nariz y a través de la ventana. Y ahora mismo respondo con todos mis días y te quiero avisar que creo que es de muy mal gusto hacer chistes de imprecisión visual o salir a la calle tapizado de cruces; es casi fanático. Si hoy lográs verlo, se va a derretir la suela de tu zapato.

FIN

Carta a quien lee

Gracias por llevarte este libro contigo.

Estos poemas, o lo que quiera que sean, fueron escritos hace mucho tiempo, y es recién ahora, en un intento desesperado de vaciar la mochila que cargo, que decidí que ya era tiempo de sacarlos a relucir. En el momento en que los escribí, me sirvieron para purificar. Para sacar los trapitos al viento, para deshacerme de pensamientos malditos; para vaciar antes de volver a llenar.

Pero tanto tiempo de espera entre papeles, libretas y cuadernitos, los volvió más pesados de lo que nunca habían sido. Y después de darle vueltas y más vueltas al asunto, no me quedó más que largarlo al mundo a que haga su vida. Y así como largo este libro, espero que con él se vayan de mi hasta sus últimas palabras.

Entrego este libro, y los que vengan después, como una ofrenda de lo que fui, y en algún modo aún soy, esperando que su ausencia me deje ser, pero ya de otra manera. También lo entrego con la esperanza de que sus palabras remuevan y apacigüen el alma de otros, como en su momento lo hicieron con la mía.

Pero dejar ir, así como así, algo tan propio, tan íntimo, tan visceral no es fácil. Reptan los miedos por detrás de la puerta, las inseguridades llaman en voz baja y las ganas de volver a meterlo todo en una caja y enterrarlo en el jardín amanecen día tras día. Así que te doy las gracias por llevarte a pasear este libro, con cariño y con respeto, para dejar que sus palabras hagan lo que vinieron a hacer.

Con amor y todavía un poquito sonrojada,
Ine.

Ine Agresta

Artista polifacética uruguaya que actualmente vive en Dinamarca. Crea a partir de la creencia de que el arte tiene cualidades curativas y del significado que se esconde detrás de los objetos. Inspirada por las emociones cotidianas y las realidades íntimas, hacer cosas siempre ha sido su camino hacia el autodescubrimiento, su herramienta para comprender el mundo en el que vive y su juego favorito. Les otorga a los objetos que hace unos ciertos "poderes mágicos", y define su arte como un eterno juego de símbolos que navega entre lo consciente y lo inconsciente, lo ordinario y lo mágico, lo que es y lo que no es.

Tener una formación formal en moda y diseño textil en su país de origen ha influido en su enfoque artístico, centrándose principalmente en el arte textil y la escultura blanda. En 2020 obtuvo una maestría en teoría del arte de la Universidad Jiaotong de Beijing, donde comenzó a explorar los conceptos del arte como una herramienta de sanación y el significado oculto dentro de los objetos. Su trabajo fue galardonado con el primer premio y el premio del público en Lúmina 5 (Premio Nacional de Jóvenes Diseñadores de Moda) en 2011 en Uruguay, y hasta el momento, ha exhibido su trabajo repetidamente en su país de origen, así como en varias ciudades de China (Beijing, Chongqing, Zhuhai).

Maldita Vol.1 es su primer obra literaria, pero no la última.